はじめに

　日本は、いろいろな点で、国際H　　　　　　もっと良くするために、問題点と改善案を述べよう。

　本書は、日本社会をよりよくするための、先ずは形式のみを論じている。

●
金権政治をなくそう

　現在の日本では、企業・団体の政党への政治資金供与が、政治資金規制法で認められている。ただし上限はある。企業が政党や政治家に資金を提供するのは、要するに、賄賂と変りがない。利潤目当てに作られた企業・株式会社は、資金を出せば、その見返りを求めるのは当然である。政党・政治家は、そのために、資金を貰った団体・会社を利するために政治をする。そのために法律を作り、仕事を振り当てる。これでは、会社・企業のための政治に成り果てる。

　大体、政治家・政党が3000万円貰うと、10億円くらいの仕事を斡旋するのが相場である。お礼は3%と言われる。政治資金を貰った政党・政治家は、今後も政治資金を貰うためには、会社・団体のために努力をするのは当然になる。

　他に問題がある。企業には、種々の政党支持者たちがおり、ある1政党だけに資金を与えると、それ以外の政党支持者の思想信条の自由を侵すことになる。企業は政治結社ではないから問題である。

　日本は自由主義社会だから、個人の政党・政治家への資金提供は認められるだろう。

　日本の政治は利益誘導政治であった。自分の選挙区だけに利

益誘導をする。それでは日本全体の奉仕者・政治家（国会議員の場合）とはいえない。政治家が、自分に政治献金をしてくれた地元の企業に、国家・地方の仕事を与える。これには天の声として、役所は逆らえない。

そういうわけで、企業・団体による政治資金は全面禁止すべきだ。それに現在では政党助成金も出ているから間に合っている。

再論　政治資金

現代日本における諸悪の根源の一つは、政治資金の提供の仕方が間違っていることにある。結論を言えば、利益団体による政治資金の寄付を認めていることである。これは、民主主義と自由主義の観点からみて、誤りである。

もちろん現在さまざまな悪があり、現行の政治資金のやり方だけが悪だと言うのではない。しかしこれは、諸悪の根源の一つをなしており、これを完全に改めれば、相当広い分野で諸悪が是正される。ただし、日本の多くの政党は、これによって成り立っているので、この廃止には抵抗するであろう。

人間は政治的自由を持つ。ここで問題としたいのは、政治に対する国民の財政的支援である。狭い意味での政治的自由は、選挙権・被選挙権を持つことで保証されている。政治家や政党は、「自由主義国」では、その活動のために、政治資金が必要である。本来の理想から言えば、それほど資金は要らないのである。しかし現実には、そして、特に日本では、選挙のさいに多額の費用が必要となっている。政治資金の多くは、政党助成金を除けば、各種団体から政党・政治家への寄付金である。現在の日本では、一応これに対して、政治資金規制法で一定の規制がある。

個人・会社・労働組合・それ以外の団体による政治活動に関

する寄付は、金額に制限がある。個人は年間2000万円までである。会社は資本金、労働組合は組合員数、によって違うが、次の通りである[1]。

(1) 国民政治協会（自民党）への大口寄付団体は、日本鉄鋼連盟、石油連盟、日本化学繊維協会、つづいてセメント、自動車、東証正会員協会である。

 企業の年間所得の2.5%と資本金の0.25%を合わせたものの半分が「損金」として非課税となる。その他、科学の振興、文化の向上、社会福祉の法人への寄付は無税である。これらを活用して政治家に入る。

会社	労働組合など	寄附金制限額
50億円以上	10万人以上	3000万円
10億円以上50億円未満	5万人以上10万人未満	1500万円
10億円未満	5万人未満	750万円

 投票行動の自由は、日本では形式上保証されている。しかし政治資金の点では、自由が全く保証されていないことになっている。なぜならば、利益団体が政党に寄付をしているからである。

 個人は、自分の利益を代表してくれる人や政党に、いくらでも（といっても収入から生活費を差し引いて）寄付をしてよいであろう。自分が代議士になれないので、他人に託すわけである。もちろん純粋に個人の金でなければならない。一定以上の寄付金額はアメリカのように公表すべきだという考えもよいことである。実際は個人から寄付を受ける人はまれであるが、お金を寄付したいと思える人は、むしろ立派な人物であろう。

 会社や寄付を受けた政治家・政党は、正しく申告するとは限らない。その部分はブラック・マネー（裏金＝税務署、選挙

管理委員会に申告しない収入)と呼ばれている。

　ところで問題は、同法自体にある。利益団体が寄付をすることそのものが問われなければならない。制限金額を厳しくせよとか言うのではない。団体つまり利益団体が、政治家・政党に寄付をすることは、収賄・賄賂行為になってくる。寄付はこの際、慈善事業ではないので、見返りが期待されている。受けた側も、次の寄付を期待するためには、当然、寄付金以上の利益を与える。こうして政党・政治家は特定利益団体の走狗になる。国家・国民・人民のために政治を行なわなくなる。金の力が政治を動かす。

　思想・信条の点から見ると、こうなる。会社の利益の一部を経営者が政治資金として寄付した場合、株主の配当、従業員の給料・賃金、消費者の購入価格から、一部分を差し引くことになる。会社とは、経済利益の追求のために結集した人間集団である。その従業員も種々の信条を持ち、特定政党・政治家の支持者であるとは限らない。その結果、その支持者以外の者の政治信条は踏みにじられる。労働組合の場合も似ている。経済利益追求のために組織された集団なので、組合には自民党支持者から共産党支持者、その他、支持政党なしの者までいる。しかし組合が上部機関の決定で全員から給料・賃金の一部を徴収し、特定政党に寄付をしたら、それ以外の者の政治信条をねじ曲げてしまう。会社の寄付は大量で、組合の寄付は大量ではないとしても、本質的には同じである。

　こうして現実的に見ても、思想信条から言っても、利益団体による政治資金寄付は誤りである。民主主義的だとは言えない。つまり金持ちによる政治、金権政治が実現するからである。

　現在のような利益団体による寄付を禁ずることは、日本では民主政治を実現する最良の方法である。政治家は、自分を支持する多数の市民を、金によらずに獲得すべきである。現在のやり方は、金がなければ当選できないという政治家を、法律に

よって公然と認めている。彼らは結局、選挙民の投票を金で買うのと同じであり、そのために膨大な政治資金が必要となっている。

団体による寄付が全廃されれば、金権政治が全てなくなるとは言えないにしても、その根底は崩れる。賄賂も簡単には実現しにくくなる。こうして政党支持率がより公平に議会に反映される。現在の制度では結局、経済力の優れた団体によって政治が動かされるので、民衆がいくら正しい政治を求めて活動しても、民主政治が実現されるのはきわめて難しいことになっている。

日本の政治家は、政治資金規制法の枠内で、時には枠外でも、政治資金を貰う。これは実際、賄賂である。こういう政治家は資金提供先の企業・団体のために働くことになる。その圧倒的な多額な資金の先は自民党である。

もし団体の政治資金供与の禁止を実現した場合、どのような利点が生まれるであろうか。まず第1に、汚職の相当部分が減少する。汚職のほとんどは、政治家が寄付の見返りとして、特定団体のために、その利益を実現させてやることだからである。第2に、政治家は大部分のこの悪しき政治資金を失うことによって、選挙で買収する資金を失う。投票を買い上げたり、選挙民を饗応する資金の大部分は、この政治資金から支出しているからである。以上の点から、いわゆる大規模な金権政治は消えて行くであろう。そして一部の悪徳金権政治家が代議士に当選する可能性は減少してゆくであろう。第3に、金の力に縛られないことによって国民の自主的判断に比較的照応した政治分布が作り上げられるであろう。

団体・企業による政治資金を撤廃しないと、少なくてもマシな政治は行なわれない。個人の政治資金のみを認める、とすべきである。

政治家＝国会議員が当選するには、1億円の金がいるとされる。かつては、そのため自民党の派閥から金を貰っていた。派閥もそのために政治資金が必要となる。
　政治家は、企業選挙をし、取引先や下請けに選挙を強要する。官庁は業界に司令し、選挙を指導する。
　日本の政治家は、資金提供先のために、つまり財界、日本医師会、農協のために政治をしてきた。特に従来は、土建業・ゼネコンのために政治をしてきた。つまり国家予算を土建業のために使ってきた。
　政治家が選挙のために運動員を雇って、賃金を出すというのも、金権政治的である。選挙を手伝うのは、その候補者やその政策に賛成の人々がボランティアで行なうべきものである。運動員もいないようでは、その候補者は、金だけあって人望は無いということである。
　アメリカでも団体による政治資金提供がなされている。だから金権政治が行なわれる。個人の政治資金提供は、自由主義社会では否定できない。アメリカでは大金持ちが個人で資金提供し、そのため、団体の政治資金提供がなくなっても、大金持ちの資金提供はなされるから、政治が金持のために行なわれることは続くだろう。

政治家

　政治家とは、国会議員、地方議員であるが、その仕事は法律を作る、あるいは条例を作ることである。だから立法能力がある人を選ぶ必要がある。
　当選回数の多い人が、良いわけではない。国会議員となって、長い間に国民のことがわからなくなってくる。女性の方が男性より少しよい。もともと民意から離れて官僚に牛耳られている国会に、これ以上官僚出身議員を増やす必要はない。官僚は前

例で仕事をするので、その習慣からして、世の中を変えるのが苦手である。老齢者も問題である。大体 20、30 歳の時代の認識で、人は活動するのだから、老齢者は半世紀前の時代認識で政治をしていることになる。2 世議員は親からの地盤を受け継いでいるので、利権集団に取り巻かれている。後援会という利益集団である。それに政治とは、世襲であるべきではない。後援会が資金力を持ち、2 世議員を当選させている。金持ちは庶民の金銭感覚がなく、金銭的に無駄なことをしがちである。権力に慣れている人は権力の亡者となる。

　日本の首相は非常に少ない賛成数で、選ばれる。大体、投票率は 50% であり、仮に自民党が 30% を得票しても、国民の 15% の票を得ただけとなる。

日本は三権分立といえるか。
　近代国家は三権分立がなされているものとされる。司法、立法、行政である。日本は三権分立国家とされるが、本当だろうか。
　国会は、つまり政治家たちは、官僚によって牛耳られている。官僚は国会をよく見つめている。逆にいえば、国民を見つめていない。国会では政治家は国民にむけて議論をしない。アカウンタビリティ（説明責任）が欠如している。日本の政治は料亭政治であり、料亭で決まる。もちろんそこでは、公にできないような話がされる。だから国会は無きに等しい。
　政治家の多くは官僚出身者である。これでは何のために政治家を選んでいるのか分からない。
　日本の行政は、ナンと、実際に法案を作成する。議員を法案作成能力に欠けた立法者にしておき、官僚がいつまでも権力を握っていたいからだ。官庁は、自民党にはバカ丁寧である。一方、国会とは名ばかりで、霞が関の出先機関である。大体、官僚が国会質問を考える。質問を作って貰う自民党議員がいる。

国会で、議員の質問が前もって官僚に知らされる。そのため、答弁を官僚が書く。政府閣僚がそれを読む。実は質問も官僚から教わる場合が多い。これでは議会が何のためにあるか分からない。役人は、質問者議員の質問の内容を聞きに行く。官庁は、その上、内閣が議員の質問に答えるための答弁問答集をつくる。彼らの答弁用語も適当である。例えば、ゴマカシ言葉としての、前向き、鋭意、十分、努める、配慮する、検討する、お聞きする、慎重に、などの言葉が答弁に並ぶ。本来、政治家が立法をするものである。だが「議員立法」という奇妙な言葉が日本にはある。議員が法律を提案した場合、そう表現するのである。実は当り前のことであって、議員とは法律を作る、あるいは廃止、改正するために選出された人々のことである。だがそうなっていない。つまり法案の８割は日本では官僚が作ったものだからである。

　日本の政治・行政は本来、内閣で行なわれるが、実際は事務次官会議で決まる。事務次官は官僚の最高位である。その上、官僚が政治家になる。多くの政治家のかつての身分は官僚である。事務次官会議で、閣議が、内閣が、日本の政治が、決まる。その上、大臣の在任期間は平均１年なので、力が無い。それに派閥順送りである。三権分立は建て前であって、実際は官僚が握っている。検察が裁判を事実上決める。大臣が官僚の人事権に触れることはタブーとなっている。

　法律にもとづいて行政が行なわれるのが普通である。しかし官僚は行政指導と通達を出す。通達は、省内の「法律」である。これが議会で決めた法律よりも強い。こうして議会は無視される。

司法

　裁判所は、上級に行けば行くほど、政治判決が政府寄りにな

る。最高裁判事は首相の任命だから、そうなる。政府と反対の意見で判決を出した裁判官は、左遷される。このように司法が行政に支配されている。

　最高裁裁判官の信任制度はおかしい。選挙の名に値しない。×（＝反対）を記さない場合に、それを○（＝賛成）とみなすのは不合理である。信任投票で落とされる人は先ず絶対にいない。信任投票は選挙ではない。

　以上の事を考えると、日本では立法が行政に従属していると言える。三権分立も実際行なわれていない。

選挙で選ぶ領域を広げよう

　議会主義は、とても良いとは言えないかもしれないが、より良いものだ。多くの領域で選挙をして、国民や関連者の意志を、社会で表現するべきであろう。それには選挙しか無い。
　株式会社、軍隊、官僚、教会（ローマ法王選出を除く）、一部の政党などは、選挙で選ばれない組織である。しかし、選挙をして人を選べば、少しだけ民主的になる。
　NHK会長は、受信料を払っている人々が投票で選んだらどうか。昔は放送委員を選んだものである。ちょうど三年に一度、必ず参議院議員選挙があるから、一緒に行なっても良い。こうすれば、NHKは政府寄りでなく、少しは国民寄りになるだろう。
　都道府県、市町村にある、教育委員会の教育委員は、知事・市長などが選んでいるが、県民市民が選んだらどうか。地方自治体選挙が行なわれるから、その際に、投票すればよい。この選挙は戦後一時期あったものである。
　北海道の支庁長も選挙で選ぶとよい。

その他多くの公共団体の長を選挙で選ぶべきである。
　理想は公務員も選挙で選ぶべきだが、まずはできなさそうだ。ただし、古典的社会思想家はそれを提案していた。

国民投票

　国民投票も案件がなるべく多い方がよい。日本では国民投票は憲法についてだけである。原発の可否は国民投票で決めてもよい。なるべく多くの重大案件を国民投票で決めるべきである。オーストリアやイタリアではすでに行なっている。

●

行政を見直そう

行政と官僚

　日本では、1945年（敗戦）以来、それまでの軍人と官僚の連合が、官僚と産業界の連合に代わった。彼らが日本の政治経済社会を動かしている。その官僚たちは、官僚制の縄張り争い（＝セクショナリズム）をしている。政治家は選挙で選ばれるのに、官僚は、もちろん選挙で選ばれていない。それ故に、日本では官僚独裁である。官僚は日本を管理国家として作っている。彼らの武器は秘密主義である。情報を支配する。

行政を見直そう

　かつて、民主党が与党になった時代があり、事業仕分けを行なったことがある。これは途中で辞めてしまったが、この類いの事をする必要がある。
　行政の無駄は沢山あるだろうが、1つだけ考えてみたい。特

殊法人の問題である。

　公務員賃金は、国民の感覚としては高い。大企業の幹部に較べれば高くない。公務員賃金は、中小企業を基準として決められる。しかしかなり高い給与の中小企業が基準となっている。
　官僚は定年になってから天下りをする。天下りが大きな悪弊である。官庁はあらゆるところへ網を張る。全知全能をかたむけて行なう。政界、実業界、そして特殊法人へ、官僚は就職する、あるいは天下る。役人は定年60歳があるので、その後の生活を考える必要がある。彼らの「えらさ」によって、天下るポジションが違う。
　天下りが絶対悪いのではない。折角の知識と体験を、60歳以降でも社会は使っても良いからである。問題は、社会に役立たない特殊法人を乱立させ、しかもその理事の俸給が高すぎることである。
　特殊法人では、前官僚は月給と退職金を貰う。ここには職員が非常に多い。普通の職員は、縁故・ヤミ採用がなされ、官庁と違ってその規制がない。特殊法人の例は、住宅公団など、公社・公団・公庫・金庫・協会である。ここへ理事として官僚は勤める。国家公務員ではないから給料は高い。2、3年後に退職して他の特殊法人に勤める。その際、膨大な退職金を入手する。「税金無駄遣いの元凶である特殊法人」なのである。その本質は、国民のために行なうことではなく、高級官僚の退職後の生活・収入の確保だけである。国鉄が倒れたのは、鉄建公団のせいでもある。財政改革のメスはこういう所に入れる必要がある。しかしメスが入らない。官庁は、国民にとって必要・大切なところを削って、ここを削らない。官僚は、自分の権限と、退職先を必死に守る。
　大官僚は、政治家になる以外、大企業への天下りをする。大企業の社長、重役になる。人々の東大ねらいの1つの理由は

ここにもある。塾通いの小学生でさえ、そう言う。札幌の有名高校生の北大・道庁ねらいは、天下りねらいでもある。財務省、日本銀行が、銀行を指導する。財務省OBは、銀行、日銀へゆく。財務省の高官OBは大銀行の重役になる。北海道拓殖銀行頭取は財務省の、北洋銀頭取は日銀のOBだった。北洋銀行が拓銀を吸収する際、当時の大蔵省との電話1本で決めた、と豪語する。道開発局が、仕事をOBのいるところへ出す。こうして北海道の土建会社は開発局のOBを採用せざるをえない。OBをとらないと、開発局はその会社をいじめる。

　官僚は自分の省庁の握っている規制を手放さない。官僚は認可業務や補助金の廃止に抵抗する。官僚は特殊法人の統廃合を阻止する。理由は単純明快であり、「天下りの確保が難しくなるから」である。天下りは公務員の人事システムに組み込まれた制度なのである。現在82万人いる国家公務員の人事体系は、再就職先を探し続ける大臣官房の不断の努力なしには成立しないのである。天下り先を確保するには、特殊法人や民間企業に隠然たる影響力を持ち続けるための「規制」である（財部誠一・織坂濠）。

　特殊法人は、公社、公団、公庫、協会、センター、など色々な名がついている。公益法人とも言われる。特殊法人は、特殊法人基本法で認められる。これを国会は議決するのだ。次のものがある。

　北海道東北開発公庫は、融資残高970億円のうち7割を焦げつかせた。

　日本開発銀行は、1951年に設立され、役目を終えた。中曽根首相は廃止と言った。しかし当時の大蔵省が抵抗した。日本輸出入銀行、日本開発銀行の総裁、副総裁は、当時の大蔵官僚の天下り先としてはトップ・グループであり、1998年で、月給が164万円であった。

1999 年に、日本の借金は 630 兆円で（現在 2017 年では 1000 兆円）、特殊法人の借金が 250 兆円であった。行財政改革で特殊法人に手がつけられなかった。いま特殊法人が 78 ある。例として、NHK、日本道路公団、首都高速道路公団、都市基盤整備公団、日本育英会、日本体育・学校健康センター、国際協力銀行、日本中央競馬会、日本政策投資銀行、国立競技場、日本鉄道建設公団がある。特殊法人で株式会社は、NTT、JR、日本たばこ産業、電源開発である。

　特殊法人は、政府と行政の国家権力が行なうビジネスで、彼ら理事＝もと高級官僚には経営感覚はない。だから必ず赤字になる。高速道路やダム、鉄道などを建設する。特殊法人改革がされたが、統合されただけで、減らない。財政投融資は特殊法人に貸し付ける。

　安倍晋三首相が、2013 年ころ、公務員年金共済会に対して、今後は是非投資で儲けて下さいと、要請した。しかしこの理事たちは元官僚であり、お金儲けはしたことがない。そのため 5 億円の損失を出した。

　ある文化センターが社団法人を作ろうとした。しかし中央官庁からは、東京に事務所を作れと、言われた。文科省が職員をそこで常駐させたかったからである。

　サッカーくじは、日本体育・学校健康センターが行ない、文部省管轄である。なぜここが、くじを経営するのか、疑問である。

　エネルギー庁長官は、大手電力会社の副社長になる。財務省や金融庁の幹部は、定年後に日銀の理事になる。あるいは、銀行の頭取や、大銀行の重役になる。

　概して、特殊法人の有利な地位に、年俸 3000 万円、2 年勤めて退職金 4000 万円が払われる。2 年で 1 億円である（2010 年代前半の水準）。高級官僚は 60 歳から 70 歳までで 5 億円の

収入を得ようと努力する。どれほど税金＝国家予算の無駄が行なわれているか。

地方自治

　日本は中央集権国家であり、中央官僚が巨大な権限を持つ。そこで地方自治体は財政的にはみすぼらしい。戦後、改革されなかったのは、行政組織である。もちろん、内務省から特高（特別高等警察）は無くなった。それにまた内務省は戦後、自治省と警察に分割された。今日、自治省は総務省になった。地方自治は、戦前には無かった。戦後、アメリカ軍が、日本に地方自治が無いのに驚いて、地方自治体に権限と予算を与えたのだが、日本の官僚はそれに抵抗して、中途半端なものにしたのだった。戦後は「3割自治」となった。つまり税収の3割が都道府県に入る。現在は4割自治である。地方自治がやる事は、公立小中高校の管理、上水道・下水の管理、消防・警察の運営、福祉、道路（県・市）、病院、幼稚園・保育所の援助など、生活のほとんどすべてである。中央政府がやる事は、軍隊、国立大学、国立病院、中央官僚組織、議会、最高裁判所、皇室の運営、などである。

　財政収入は、国が6割の財政を握って中央官僚は強い。都道府県は4割である。支出は、それに反し、国が3割、地方が7割である。そこで3割のカネが中央から地方へヒモつきの予算として流れる。都道府県の財政課長の大半が総務省の官僚だから、ヒトもカネも中央支配となる。自治省は、国民の自治、とくに地方自治を壊している。多くの首長（道府県知事、市長）は、自治省、つまり旧内務省、今の総務省からやってきている。何のことはない、ヒトもカネも中央官僚が地方を牛耳っていることになる。

　ちなみに、多くの地方警察は縁故採用が多い。これでは公正

な業務ができない。

消費税

　間接税とは、大衆課税である。誰でもが、同じように税負担をする。これは一見等しそうに見える。しかし所得の低い人には辛く、高い人には楽である。従って、所得の高い人は余り反対しない。消費税は、間接税である。財務省は、消費税を20%にするのが理想と考えている。IMF（国際通貨資金）は15%にせよと提言した（2016年）。無責任である。消費税がどれほど社会福祉に使われるかは分からない。試案としては、政府は消費税の収入から5%程を使おうと考えている。税金の無駄遣いを無くせば、消費税額くらいはすぐ埋められる。例えば、高級官僚に特殊法人への天下り、渡り鳥、をなくせばよい。

　あるいは、遺産は10億円以上は税金として払うとすればよい。10億円も親からもらえれば十分であろう。一方、所得税率も10億円から下がっているので、不合理である。直すべきである。

●

労働

　働く人々が多くいて、真面目で、適正な労働環境であれば、国は豊かになるだろう。現在、ブラック企業とか、非正規社員、派遣労働、などが、その点で問題になっている。

残業

　ここでは、残業とサービス残業（残業して手当を払われないこと）だけを論じよう。

次のものをコラムで書いた。

　日本経済の景気回復をするのは、簡単である。労働基準法を守ればよい。つまり残業をしなければよい。
　これは、政府、経営者・労働者・従業員が、その気になればできる。だが実際は、していない。
　現在は、労働基準法では週40時間労働なので、月曜から金曜まで、朝9時から夕方5時まで働けばよいのである。だが実態ではそうではなく、1日に平均2時間は残業をするだろう。だが統計によれば、そのうちの1時間は残業手当を貰っていない。これをサービス残業と云う。こうなると日本はもう、まともな資本主義ではない。
　ここで、もしも労働基準法の週40時間を日本中で守るならば、4人の従業員の会社はもう1人余計に雇う必要がでてくる。全国でこれをすれば、今の失業は一掃され、景気は回復する。賃金も上がってくる。国民所得も増大する。国内市場も大きくなり、企業も儲かる。いいことづくめである。
　だが、これができない。
　現実は、生活苦のために労働者は残業をする。だからこうして自分の首を絞めている。
　経営者もなるべく雇用を少なくしようとする。
　だが、少なくとも、サービス残業はやめよう。そこから始めよう。

『北海道新聞』での「えぞふじ」に載せたもの。2007年5月20日。

　後進国ではサービス残業が多い。しかし日本はすでに発達した資本主義国である。日本でサービス残業が多いのは、意識の問題が大きい。残業を無くすのは、現在難しいだろうが、せめてサービス残業は無くしたいし、ささやかな要求である。

ちなみに、日本で残業が多いのは、低賃金だからである。

労働貴族

労働貴族とは、一種の世俗用語であり、大労働組合の上部団体の役員や、その他労働運動の専門従事者の一部の人々である。この人々の給与は高いと、推測される。推測というのは、諸組合の年次総会の予算・決算書に、彼らの給与が書かれていないからである。一般組合員は、大変高い組合費を払い、多額の上部上納金を出しているのだから、せめて、上部役員の給与くらいは知っている権利がある。建前であっても彼らを選んでいることになっているのだから、なおさらである。上部団体が、その給与額の発表を拒否するならば、下部組合はそこから脱退するとよい。

なお、現場労働組合の予算のうち、上部上納金の比率が非常に高い。現場労働組合が立派に活動するために、上納金は少なくし、現場の活動資金を多くするべきだろう。上納金が組合費の半分以上だったら、異常だと見るべきである。

教育

教育問題について考えたい。まず、いじめである。

いじめ

今、いじめ、そしてそれによる学童の自殺の問題が、日本中で取り上げられている。

いじめ問題は、今まで、その取り組みが間違っていたのである。そこでこれを解決する方向を論じたい。

今まで教育界では、いじめが、あたかも無いように取り扱ってきた。というのは、教育委員会でも、学校でも、校長・教頭先生でも、少なくとも自分の地域・学校では、いじめがないと装ってきた。これが間違いなのであった。

　いじめは、どこにでもある。世界でもある。日本では特に多い。ほとんどの日本の学童は、いじめがあることを知っている。特に日本では、その根本的文化が集団主義であり、画一性好みなのである。だから、集団と違いのある人、画一性からはずれる場合、いじめられることがある。

　いじめがあるということ、日本では普遍的であることを、教育委員会や学校は知るべきであり、その上で対策を立てるべきである。

　いじめを不祥事として、恥としてとらえ、それにより人事異動や給与等で、教員や管理職に制裁を課す現状では、教師や学校が組織防衛に走り、いじめを隠蔽してしまう。

　いじめが発覚すると、学校や教育委員会が無策であると思われ、校長・教頭も出世にひびく。そこで、いじめは絶対無いと云って、頑張る。有るものを無いということから、間違いが始まる。有るという前提で策を立てるべきである。

　評価の仕組みを変える必要がある。いじめが発見されて、それを効果的に解決した教員や校長は優秀であるとみなすべきである。これを、教育委員会や文科省の方針にしないと、いじめ問題はいつまでたっても解決しない。

　　『北海道新聞』での「えぞふじ」に載せたもの。2007年4月20日。
　　　字句をいくつか訂正した。

　市民が、「この学校にいじめがある」と学校側に言っても、学校側は絶対に拒否するのである。

　1980年代から、自殺するほどのいじめが始まった。1990年

から、不登校が起きた。観点別評価がされた。いじめ問題で、教育委員会が臭い物に蓋をし、校長・教頭の出世問題になるから、学校側は、いじめは「ありません」、と答える。いじめは、個性排除、権利意識のなさからくる。特徴的な点は、いじめを見ていて見ぬふりをしている大量の生徒がいることである。いじめは、加虐性精神病として、アメリカでは処罰、治療される。いじめは日本文化の特徴なのだ。根本的に見つめる必要がある。いじめる子供の心理は、欧米では異常心理とされる。軽蔑の対象である。いじめて喜ぶのはサディズムである。子供時代に一時はあるとはされる。しかし成人後は治まる。いじめは、個の確立が不十分で、自分の見解を持っていないことから起きる。いじめは、官庁、会社でもある。しかし1980年代からのいじめは、現代的である。

　いじめは日本では絶対にある。多くの日本人は知っていることであり、体験しているし、少なくとも見ている。

　前述のように教育委員会を選挙にすればよい。教育委員会は、学校には必ずいじめがあると前提して、教育行政にあたるべきである。現在と反対に、いじめを発見したり、うまく解決したりした教員を出世させるべきである。

　教育委員会は、その教育委員をかつては知事・市町村長が任命していた。その中から互選で教育委員会委員長を決めた。だが現在では、それを改め、役人である教育長が同委員長になることとなった。こうして役人支配が進んで、民主主義が逆行した。

高校全入

　高校全入運動は失敗した。親の問題だった。授業についてゆけない高校生を多量に生産しても無駄である。高校が多すぎる。

学級崩壊が進み、小・中学・高校で授業が成り立たない。教師は進学校出であり、非進学校高校に勤めるから、困惑してしまう。クラスで3人がふらふらしている（＝席につかない）と、授業が成り立たない。まじめな先生は、やっていられない。

　1970年代に高校全入運動が行なわれた。現在100％に近い生徒が高校に入学する。学力がない人でも高校に入るので、9割方の高校では授業がなりたたない。高校の授業についてゆけない生徒、高校に行くつもりがなかった生徒もいるのである。これは無茶な話で、人によっては、高校へ行かないで、働いた方がよい人もいる。

　教育大学の卒業生つまり教師同士の差別がひどい県・地方がある。昔の高等師範学校出の教師が（高等の名の付かない）師範学校出の教師を人間扱いしない。これでは子供の教育はできない。「人を差別してはいけない」とは言えないはずだ。
　制服は全体主義である。学校で服装が統一されている。校則は、生徒が決めたわけではない。それでは規則にはなりえない。校則が手帳に数十ページにわたって書かれ、まずは覚えきれない。だから校則は「拘束」ではないか。中学校の服装検査が徹底している。個性を抑圧している。情緒的な日本社会への帰属意識を明らかにしなければ、異端視される。したがってユニフォームに埋没する。制服は均質社会の思想である。制服の乱れは不良の始まりだと信じ込んでいる教師が多い。
　中学校の修学旅行で、同じ町の他の中学の生徒と接触しないように、先生は努力する。明治時代以来の学校間の争いが尾を引いている。

落ちこぼされ

　現在の小・中・高では「落ちこぼれ」が多い。正確には、落

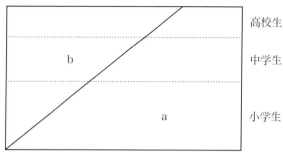

a＝学業について行ける生徒
b＝学業について行けない生徒

ちこぼされである。学校の授業についてゆけない児童・生徒である。現在のように義務教育の期間に、授業が分からなくても進級させるという制度のもとでは、「落ちこぼれ」は必ず発生する。その上、2つの事情がこれを強めている。第1は、教科内容の高度化である。かなり量の多い、難しい内容が加わってきた。第2に、文部省の指導要領の問題である。「ゆとり」教育と多方向志向を出したが、例えば、英語の授業時間を減らした、それがエリートと非エリートの差を一層広げた。ただし、「ゆとり教育」はその後停止された。

日本では小中学校では落第がないのだが、教育には落第がつきものである。いくつかの科目で、例えば算数と英語では進級保留を行なってもよい。

能力がないまま、トコロテン式に、卒業させてしまうというのは、無責任ではないか。

そこで部分的な進級保留制度を提案したい。国・市町村・学校が協議して、「各学年の必要最低限基準」を決める。きわめて基本的な水準でよい。勉強が分からずにそのまま進級したら生徒本人が絶対困るという最低水準である。落第はヨーロッパにはあり、アメリカにはない。日本はアメリカを真似したので

あろう。少なくとも、算数と漢字は、それ相応の力を最低持っていないと、学業について行けない。そこで、落第は無理とすれば、春休みとか夏休みに、時間講師を雇って算数と漢字の特別教育をしたらどうか。

ニート（学校へ行かない、働かない人々）が2017年で、若者の10%を占めるという統計が発表された。学校で、落ちこぼされ、勉強も分からない生徒が、もう学校へ行きたくないと考えるのは、当然である。学力が無いから、会社も採用しないし、生徒も学生も行く先も気力もなくなる。これは制度的な罪である。現在の制度を続けてゆけばそうなる。少子化を怖れているどころではない。

英語教育

文科省が英語教育の奨励をする。しかし授業では英語を日本語で説明している。

文部省の売国的方針だが、普通の科目も英語で授業をせよと言う。小学校へ英語を母語とする外国人を配置する案が出た。これは高校に置くべきだ。文科省は、外国語を喋るようになれる教育をしない。仮に45分の授業がされている場合、教員は英語を5分くらいしか喋っていないだろう。そうなると英語の授業ではない。英検1級程度をもっている、英語を話せる人が教えるべきである。日本中で、英語を話せない英語教師に担当させている。

小学校の先生に英語を担当させることにしたが、英語専門の教員を雇うべきである。現在、英語が話せるという条件で小学校教員を採用してきたわけではない。

部活、資格外教育、PTA

　大都会以外で、地方小都市や田舎で、教科目資格のない教師が、行き掛かり上、教えている場合がある。運転免許のない人が自動車を運転するのと同じに、犯罪である。

　中・高等学校で、専任教員にクラブ活動の指導をさせている。勤務が重くて自殺者が多数出ているのに、である。過労死ラインとされる残業月80時間を越えているのが中学で57%である（2016年）。そろそろ中学校の教諭が部活動を指導するのは辞めるべきだ。自分の得意の分野で指導するのであれば、運良くうまく行くが、それでも荷重負担になる。まして自分の得意でないものを指導するとなれば、苦しみである。指導される生徒の方も困る。それに教員の本業がおろそかになる。本業でさえ大変なのだ。87.5%の学校が部活指導を全員でやるようになった。こんな日本だけの奇怪なことは辞めるべきである。当該学校に、部活動の指導資格のある人がいるとは限らない。学校のクラブ活動は、市民社会で行なわれる方がズッと良い。部活動は任意にするべきだろう。どうしてもしたい場合は有資格者を採用するべきだろう。

　保護者のPTAへの加盟は義務かどうかが争われ、任意加盟だということになり、現実では結構なことだと思う。それよりも、活動をしてみて、PTAというのは、文字通り、親と教師の会であることに、びっくりした。PTAが直接、児童の教育に関わる面が少ないのである。親（実際は母親）と教師の親睦会なのである。だからPTAは名前と趣旨を変えて、在校児童・生徒の教育・生活を守り育てる会とし、それにそって各部を作り替える必要がある。

　小学校の教員は、国語、算数、理科、社会、体育を教えてきた。音楽、美術は、専門教員がいる。これら5つの教科を教えるのも大変である。授業の準備をし、生徒指導をし、親とも

対応する。その上、PTAに参加する。そして前述のクラブ活動の面倒を見る。最近は、コンピュータも教える。今度、英語を教えることになった。さらに、コンピュータのプログラミングを教えるように指導されている。スーパーマンでしか対応できない。こうして多くの教員の自殺者が発生している。

大学論

　多くの大学に、大学生としての学力がない人が沢山入学する。中学1年生程度の学力で、ある種の大学には入れる。大学は授業料を取らないとやって行けないから、どんどん入学させる。
　一部の大学生は、四捨五入が分からない。ひと昔前には、分数が分からない大学生がいた。
　中学卒業の学力を持った人が高校へ行くべきであり、高校卒業の学力をもった人が大学へ行くべきである。そういう制度を作らないと、教育が無駄になる。現在の日本では、どんなに低い学力でも入れる大学がある。
　大学生の大衆化が進む。算数ができない大学生が出て来た。少子化が、最近は大学に及んだ。不必要な大学院がダテに作られている。私立大学院作りに、その事務長として文科省の官僚OBが入りこむ。
　偏差値教育の象徴だが、受験生は、入れる大学へ入る。どの学部でもよい。東大の法学部と経済学部にさえ上下関係がある。同医学部に、その気のない人が入る。田中真紀子元議員は、東大生にインタビューし、「親のために入ってやった、親は何でもしてくれるべきだ」という答えを聞いて、びっくりした。東大生はなぜ就職がよいか。東大出は官僚が多く、民間会社に入った人は、その友人が官僚なので、官庁と付き合える、それで採用する、と。
　文科省の国立大学向け予算では、東大が半分を取る。残りの

四分の一を旧 7 帝大が得て、その残りの四分の一が残った 78 の国立大学に分け与えられる。これは異常である。教育制度を考える官僚が東大出身では、政策が一方的にならざるをえない。

外国語教育を担当するのは、言語教師でなく、文学の教師だという矛盾がある。

会社員採用で、3 年生の冬から、学生は就職活動をする。実業界が大学教育を壊している。会社に見識がない。

学閥がまかりとおっている。大学教員採用がコネである。全国公募・実力採用は少ない。

日本は、学校歴・学業成績が異常に重く見られる社会である。上級公務員が出世する時、入省時のペーパー・テストの成績が一生付いて回るというのは喜劇に近い。また特に、地方都会で（もしかしたら大都会でもそうかもしれないが）、一流高校、二流高校、三流高校の違いが、心理的に重くのし掛かる。どこの大学を出たかで人生の半分が決まってしまうというのも、いかがなものだろうか。

拙稿「大学教育が音をたてて崩壊する」（『経済学論集』札幌学院大、第 3 号、2011 年 7 月）

文章教育

日本は普通文の作文教育がないし、しようとしない。

日本の小中学校、高校で、文章教育がほとんどされていない。といってもここで言いたいのは、普通文、伝達文の教育である。表現文、芸術文ではないものである。小中学校の教員を作る教育大学でも、それが行なわれていないから、当然である。是非、伝達文の教育をするべきである。そうすれば、学生は文章を書くのが嫌いではなくなる。

文章

　大学で40年来、学生たちの文章への接し方を見てきて、いろいろ気が付いた。文章がうまく書けない、文章を書くのが嫌いだ、というものである。

　これは、学校教育に原因がある。小・中学校では、名文・美文、いい文章を書くように指導している。それが彼らにとって重圧になっているのである。

　これはさしあたり、間違いなのである。

　文章には2種類あって、1つには、表現文といわれる、名文、美文、芸術文などである。もう1つは、伝達文であり、日常生活に用いられる普通の文章であり、レポート、仕事文がこれに該当する。

　第1の芸術文は、学校のレポートでは書かないし、仕事では使わない。多くの人にとって実際に役立つのは、第2の普通文である。だから、第2の普通文を書けるようにした方がよい。少なくとも大多数の国民にとってはそうである。学校では、そちらの普通文（伝達文）の書き方を教えるべきなのである。

　それに、芸術文を書く規則はない。だから、教えられない。逆に、普通文を書く規則はあるのである。だから教えられる。

　教えられる物を教え、それが実生活にとって役に立つとなれば、こんなに良いことはない。だがこの普通文の書き方を、文科省も、教育大学も、あるいは日本全体でも、教えていないし、開発もしていない。これは大問題である。私はそこで、『学生と社会人のための文章読本』（丘書房）を書いて、啓発をし、また教えてきた。

　　『北海道新聞』での「えぞふじ」に載せたもの。2007年8月8日。字
　　句をほんの少し変えた。

中学や高校では、国語の時間を名文解釈に多くあてている。
　私の本『学生と社会人のための文章読本』は、第2版が出てから、「翻訳の技法」を取り除き、第3版を作り、小樽社会史国際研究所から出した。ホームページに載っているので、ご覧願いたい。
　ある民間の教育研究所の研究員に、私の本を送ったところ、自分たちもこういう研究をしている、屋上屋だ、と異見を寄せてきた。しかし、実際は教育現場で、これら普通文の指導は行なわれていない場合が多い。

結論

　日本は、民主主義国ではなく官主主義国である。公立高、国立大学、官僚、東大、NHKが、偉くなっている。その上、NHK会長や日銀総裁に、役人がなる。
　官僚制の人事は、上からの任命制が特徴である。上部の成員を選挙しない社会分野は、軍隊、株式会社、教会である。これらは差し当たり仕方がないだろうが、これら以外の政治・社会分野の指導者の人事はすべて選挙で行なうべきだ。そうしないと国民の意見がなかなか実現しないし、官僚的集団が権力を独占する。
　選挙で選出するべき社会の重要役職は、例えば、北海道の支庁長、首相、最高裁判所判事である。後者は信任投票をやめるべきだ。教育委員会委員も選挙で選ぶべきだ。現在では、行政に無批判的な人を探して、教育委員にしている。知事、市町村長の任免制だから、当然そうなる。学長、校長、放送委員（NHK）も選挙で選ぶべきだ。アメリカの公立校長は地域で選んでいる。公安委員会は、首相の任命なので、老人ばかりで、

単なる名誉職であり、役に立たない。これも選挙で選ぶべきである。

　情報公開、地方分権化を進めるべきだ。オンブズマン制度の導入、情報公開ネットワーク・グループ作りも必要である。

　古典的社会思想史家は、役人を選挙で選ぶべきだと言っていた。我々の常識を変えて、それをやってもよい。

日本社会をよくするために

　政治資金規制法を直す。団体による寄付は、限りなく賄賂に近いので、団体による政治資金を全廃する。

　政権交代の可能性を作る。

　役人を政治家にすることは、政治を変えないことだと知る。

　あらゆる官庁、株式会社、団体に、女性を採用する。

　社会のうち、出来るかぎり、部署・地位を選挙制にする。例えば、首相、最高裁判事、北海道支庁長、公安委員会、放送委員（＝NHK）、教育委員会、公立学校長、大学長、特殊法人長である。

　地方分権を進める。過渡的には、都道府県へ、最終的には市町村へ、権限と財政を譲る。国税と地方税の比率を変え、国税を少なくし、地方税を多くする。

　地方交付税を廃止して、それを自治体の自由裁量にする。

　直接利益の天下りを制限する。

　役に立たない特殊法人は解散する。

　オンブズマン（行政監視）制度を作る。

　官庁の情報公開を進める。官庁の書類破棄を禁止する。

　官僚の権限を見直す。不要なものはなくす、できるものは地方に移譲する。

　できるかぎり、公務員を住民が選ぶ。上級公務員試験とその成績だけで出世させることをやめる。

重大案件は、国民・住民の直接投票とし、それを最高のものとする。
　高校の全入をさせない。高校の定員は、入りたい者の人数にする。
　大学・大学院を無闇に作らない。
　担当科目の免許のない教員にその教科を担当させない。
　教科書検定を止めさせる。
　大学の教員は原則公募制にする。
　英語の資格をとった人を、例えば英検1級を、英語の教員にする。
　国土計画を見直す。道路、高速道路、新幹線、砂防ダム、海岸・河川のコンクリート化は、本当に必要なのかを吟味する。
　製造会社が製品の最終段階の廃棄まで責任を持つ。
　最高裁裁判官は選挙投票にする。
　結婚・出産後の女性の再就職を企業に認めさせる。
　働きたい老人の、働く場を創造する。
　原子力発電の代わりに、風力発電、太陽電池＝ソーラー・システムなど、クリーン・エネルギーを進める。現在の所、原子力発電は最悪のエネルギーである。

あとがき

　以上、日本人は、その他のアジアの国の中では一番幸福のように見える。ここで述べたような環境の中で、どうやって日本の社会を創るのかが問題となる。

　本書は、拙稿「現代日本社会論」(『商学討究』55 巻第 2・3 合併号) を一部利用した。

　日本社会をよくするためには、市民的革命をするべきであるが、そういう条件はないので、小さな変更だけを本書では論じている。

参考文献

朝日新聞社社会部『公費天国』朝日新聞社、1979 年。
阿部謹也『「世間」とはなにか』講談社現代新書、1995 年（しかし、この世間論は、笠信太郎のアイディアである。松家仁氏に教わる）。
天木直人『さらば外務省』講談社、2003 年。
新井喜美夫『「日本」をすてろ』講談社、1986 年。
アルベローニ『他人をほめる人、けなす人』草思社、1997 年。
テリー伊藤『お笑い外務省機密情報』飛鳥新社、1997 年。
井上ひさし『私家版　日本語文法』新潮社、1981 年。
ウオルフレン『人間を幸福にしない日本というシステム』新潮OH! 文庫、2000 年。
ウオルフレン『日本／権力構造の謎』上下巻、ハヤカワ文庫NF、1994 年。
岡部徹『大銀行の罪と罰』講談社＋α文庫、1997 年。
奥村宏『法人資本主義』朝日文庫、1991 年。
尾山太郎『官僚亡国論』新潮文庫、1996 年。
鎌田慧『自動車絶望工場』講談社文庫、1983 年。
鎌田慧『トヨタと日産』講談社文庫、1992 年。
北一輝『日本国家改造法案大綱』（現在では中公文庫、講談社文庫）
北沢栄『官僚社会主義　日本を食い物にする自己増殖システム』朝日選書、2002 年。
北野弘久『納税者の権利』岩波新書、1981 年。
拙稿「夏目漱石の社会思想」（『社会思想史ノート　続』丘書房、1999 年）。
拙書『日本人とヨーロッパ人』杉山書店、1986 年。
財部誠一・織坂濠『郵貯が危ない』徳間書店、1997 年。

笹子勝哉『政治資金』現代教養文庫、1988年。
佐高信の著書。
『選択』月刊雑誌、ここで、「罪深きはこの官僚」のシリーズが毎号掲載されている。
田原総一郎『日本の官僚』文春文庫、1984年。
千葉仁志『特殊法人は国を潰す気か』小学館文庫、2000年。
『特殊法人のヒミツ』別冊宝島336、1997年。
函館日ロ交流史研究会『会報』第15号、2000年。
廣中克彦『お役人さま!』講談社+α文庫、1997年。
ジョージ・フィールズ『フィールズ氏が見た不可思議な日本人』山手新書、1983年。
福沢諭吉『福翁自伝』岩波文庫。
ポール・ボネ『不思議の国ニッポン』角川文庫。
本多勝一『日本語の作文技術』朝日新聞、1982年。
丸山眞男『現代政治の思想と行動』上下巻、未来社、1956-7年。
丸山眞男『日本の思想』岩波新書、1961年。
宮本政於『「弱い」日本の「強がる」男たち』講談社+α文庫、1998年。
宮本政於『官僚の官僚による官僚のための日本?!』講談社+α文庫、1996年。
室伏哲郎『高級官僚』講談社文庫、1987年。
横井順治『地方自治入門』新日本新書、1968年。
若林アキ『ホウジンノススメ』朝日新聞社、2003年。

著者紹介

倉田　稔〈くらた・みのる〉

小樽商科大学講師・名誉教授
経済学博士（慶應大学）
著書：『金融資本論の成立』青木書店　1975 年、『若きヒルファディング』丘書房　1984 年、『ベーベルと婦人論』成文社　1989 年、『現代世界思想史序説　上』丘書房　1996 年、『マルクス『資本論』ドイツ語初版』成文社　1997 年、『大塚金之助論』成文社　1998 年、『グローバル資本主義の物語』NHK 出版　2000 年、2004 年デジタル化、『ハプスブルク・オーストリア・ウィーン』成文社　2001 年、『小林多喜二伝』論創社　2003 年、Rudolf Hilferding und Das Finanzkapital, Wien 2009.,『経済学講座』社会科学研究会 2010 年、『ルードルフ・ヒルファディング研究』成文社　2011 年、『マルクス主義』成文社　2014 年
編著書：『R・ヒルファディング　ナチス経済の構造分析』新評論　1992 年
共編訳書：『R・ヒルファディング　現代資本主義論』新評論　1983 年
翻訳書：A・シュタイン『ヒルファディング伝』成文社　1988 年、O・バウアー『帝国主義と民族問題』成文社　1993 年
共訳書：O・バウアー『民族問題と社会民主主義』お茶の水書房　2001 年

日本社会をよくするために

2018 年 2 月 26 日　初版第 1 刷発行

著　者	倉田　稔
装幀者	山田英春
発行者	南里　功

発行所　成　文　社

〒 240-0003　横浜市保土ヶ谷区天王町
2-42-2

電話 045 (332) 6515
振替 00110-5-363630
http://www.seibunsha.net/

落丁・乱丁はお取替えします

組版　編集工房 dos.
印刷
製本　プリントパック

© 2018 KURATA Minoru

Printed in Japan
ISBN978-4-86520-026-3 C0036

ISBN978-4-86520-026-3
C0036 ¥300E

成文社

定価(本体300円+税)